María Rosa Serrano

Del pueblo a la ciudad

Ernst Klett Stuttgart

1. Auflage 1 4 3 2 | 1985 84 83

Alle Drucke dieser Auflage können im Unterricht nebeneinander benutzt werden. Die letzte Zahl bezeichnet das Jahr dieses Druckes.

Umschlaggestaltung und Illustration: Sylvia Faragó, Stuttgart.
Foto: Foto Barrio, Jaca.
Satz: Setzerei Lihs, Ludwigsburg.
Druck: Stuttgarter Druckerei. Printed in Germany
ISBN 3-12-561700-6

Contenido

Die Ziffern in Klammern geben an, nach welcher Lektion des Lehrwerkes ESO ES I die einzelnen Kapitel dieser Lektüre eingesetzt werden können.

1. Casar del Río

Casar del Río es un pueblo español. Es un pueblo bonito; las casas son blancas y hay flores en las ventanas. Las calles son estrechas, pero la plaza es grande, con una fuente en el centro. En la plaza están las tiendas más importantes: la tienda de comestibles, la verdulería, la carnicería, la panadería y la farmacia. También está el Ayuntamiento, con un balcón muy grande y un reloj que no anda.

Junto a Casar del Río hay, naturalmente, un río, que lleva bastante agua en invierno y baja casi seco en verano.

La iglesia de Casar del Río es muy antigua, con una torre cuadrada donde anidan las cigüeñas.

En Casar del Río no hay escuela. Los niños toman todos los días un autobús y van a la escuela de un pueblo próximo, más grande. Tampoco hay cines, discotecas o cafeterías. Los hombres trabajan en el campo, las mujeres cuidan la casa y los animales. No hay muchos jóvenes en el pueblo. Los jóvenes emigran a Madrid o a otras ciudades industriales y buscan allí trabajo.

El señor Rufino y la señora Antonia viven en Casar del Río con sus cinco hijos. La mayor se llama Marisa y es joven – 18 años – y muy bonita, con el pelo castaño y unos ojos muy grandes, también castaños.

Hoy Marisa va también a Madrid para trabajar allí. Viaja en autobús, porque el tren no pasa por Casar del Río. El autobús está ya en la plaza y Marisa y su madre van hacia él. Marisa lleva una maleta.

¿Adónde vas, Marisa? – pregunta la señora Paca, una vecina. La señora Paca es muy curiosa.

– A Madrid.

– ¿Sí? ¿Para unos días?
– No, para trabajar allí.
– ¿Tú también? ¿Y qué trabajo es?
– De camarera en un hotel.
– ¿Y tú qué dices, Antonia? En la capital hay mucha gente mala. Y una chica joven, sola …
– Sola no. Mi sobrina Ana, la hija de Carlos, trabaja en el mismo hotel.
– ¿Ah, sí? ¿Y cuánto gana?
– Gana bastante.
– ¿Y trabaja mucho?
– ¡Eh, señoras! – grita el chófer del autobús –. Es muy tarde. Déme la maleta, señorita.
– Ah, sí, la maleta. Tome.

Marisa abraza a su madre.
– Adiós, mamá.
– Adiós, hija.
– Adiós, señora Paca.
– ¡Vamos! – grita otra vez el chófer.

El autobús está lleno y Marisa busca un asiento libre.
– Aquí hay sitio, Marisa.
– Gracias.

Es la señora Adela, la carnicera. Va a un pueblo próximo. Es una mujer muy simpática y habla mucho, pero Marisa está un poco triste. Deja el pueblo, deja su casa. Va a Madrid, la gran ciudad, la capital de España.

Preguntas

1. ¿Dónde está Casar del Río?
2. ¿Cómo son las casas?
3. ¿Qué hay en los balcones?
4. ¿Cómo son las calles y la plaza?
5. ¿Qué tiendas hay en la plaza?
6. ¿Cómo es el río?
7. ¿Cómo es la iglesia?
8. ¿Cómo van los niños a la escuela?
9. ¿Qué hacen las mujeres?
10. ¿Adónde van los jóvenes? ¿Por qué?
11. ¿Cómo es Marisa?
12. ¿Para qué va Marisa a Madrid?
13. ¿Quién es la señora Paca?
14. ¿Qué trabajo tiene Marisa?
15. ¿Cómo es la señora Adela?
16. ¿Por qué está triste Marisa?

Ejercicio

Casar del Río es un pueblo *grande.*
No, es *pequeño.*

1. Es un pueblo grande.
2. Es un pueblo feo.
3. Las calles son anchas.
4. Marisa trabaja poco.
5. El autobús está vacío.
6. El asiento está ocupado.
7. Hay muchos jóvenes en el pueblo.

2. Marisa llega a Madrid

El autobús de Casar del Río llega a Madrid a las cinco de la tarde. Cuando el autobús entra en la capital Marisa piensa: «¡Qué grande es Madrid! ¡Cuántas calles! ¡Cuánta gente!»

El autobús para y los viajeros cogen sus maletas, hablan, gritan. Marisa mira a su alrededor. Allí está Ana. ¡Gracias a Dios!

– ¡Ana! ¡Ana! – grita Marisa.

– ¡Hola, Marisa! ¿Qué tal el viaje?

– Muy bien.

– ¿Cómo están tus padres? ¿Cómo están todos en el pueblo?

– Están bien, gracias.

– ¿Llevas mucho equipaje?

– No, sólo esta maleta.

– ¿Pesa mucho?

– No, pesa poco.

– Aquí cerca hay una estación del metro. El hotel está a diez minutos.

– ¿Cómo es el hotel? ¿Es grande?

– Sí, es bastante grande. Tiene doscientas habitaciones. Es un hotel de tres estrellas.

– ¿Tres estrellas? ¿Qué es eso?

– Es la categoría del hotel. Hay hoteles de una, de dos y de tres estrellas. Luego hay hoteles de lujo.

– ¡Ah!

– Vamos.

Marisa y Ana van a la estación del metro y bajan la escalera. Ana saca los billetes y pasan al andén. Las paredes están llenas de carteles y de pintadas.

– ¿Esto es el metro? No me gusta. Está muy sucio.

– Sí, el metro está sucio, pero es rápido y barato. Sólo cuesta veinticinco pesetas.

Por fin llegan al hotel. La puerta principal es muy grande, pero Ana y Marisa entran por una puerta más pequeña.

– Primero vamos a hablar con doña Clara.

– ¿Quién es doña Clara?

– Es la jefa de las camareras.

Doña Clara tiene unos cuarenta años y es alta, gorda, morena y antipática.

– Buenas tardes, doña Clara. Ésta es mi prima del pueblo.

– Ah, sí, buenas tardes. ¿Cómo se llama usted?

– Marisa ... Bueno, María Luisa.

– ¿Apellidos?

– Gómez García.

– ¿Cuántos años tiene usted?

– Tengo dieciocho años.

– Déme usted el documento de identidad, por favor.

– Sí, aquí está. Tome.

– Bien. La jornada de trabajo de las camareras es de ocho horas. El trabajo empieza a las ocho de la mañana. Tienen día y medio libres a la semana y 21 días de vacaciones al año. El sueldo son 40.000 pesetas mensuales. La habitación y la comida son gratis.

– Muy bien. ¿Cuándo empiezo?

– Mañana por la mañana. Usted y Ana trabajan juntas. Tienen también la misma habitación.

– ¡Qué bien! Gracias.

– Hasta mañana.

– Hasta mañana.

La habitación de Ana y Marisa es pequeña. Hay dos camas, una mesa, dos sillas y un armario.

Marisa mira por la ventana. Delante, a la derecha y a la izquierda, sólo hay casas y más casas. ¡Qué lejos está Casar del Río!

Preguntas

1. ¿A qué hora llega a Madrid el autobús de Casar del Río?
2. ¿Qué dice Ana?
3. ¿Lleva Marisa mucho equipaje?
4. ¿Pesa mucho la maleta?
5. ¿Está lejos la estación del metro?
6. ¿Es grande el hotel?
7. ¿Cómo es el metro?
8. ¿Quién es doña Clara? ¿Cómo es?
9. ¿Cuántas horas trabajan las camareras?
10. ¿Cuántos días libres tienen a la semana?
11. ¿Qué vacaciones tienen?
12. ¿Cuánto ganan?
13. ¿Qué hay en la habitación de Marisa y Ana?

Ejercicio 1

¿Es doña Clara *joven*? No, es más bien *vieja*.

1. ¿Es doña Clara joven?
2. ¿Es delgada?

3. ¿Es rubia?
4. ¿Es simpática?
5. ¿Es pequeño el hotel?
6. ¿Es caro el metro?
7. ¿Está limpio?

Ejercicio 2

¿A qué hora empiezas a trabajar?
A las ocho de la mañana.

(*Conteste ahora libremente a las preguntas.*)

1. ¿A qué hora empiezas a trabajar?
2. ¿A qué hora desayunas?
3. ¿A qué hora comes?
4. ¿A qué hora terminas el trabajo?
5. ¿A qué hora cenas?

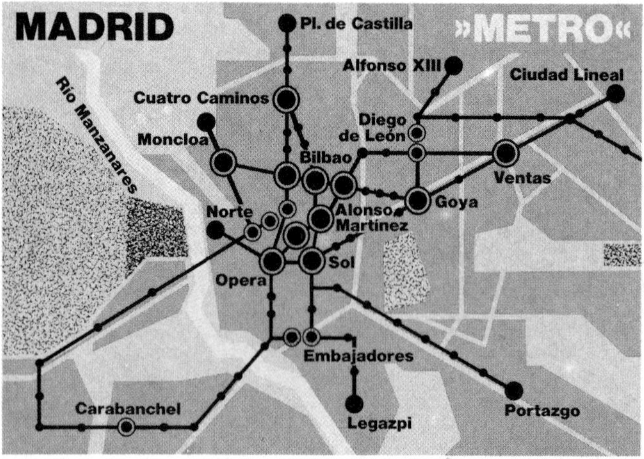

5. Una tarde libre

Hoy es sábado y Marisa y Ana tienen la tarde libre. Piensan ir a una discoteca con Jaime, el barman, y otro amigo.

Las dos primas están muy contentas mientras se visten y se arreglan en su habitación. Marisa saca un vestido del armario.

– ¿Te gusta este vestido? – pregunta.

– Sí, está bien.

– Mm … No sé … ¿No lo encuentras un poco pueblerino?

– Bueno …

– En el pueblo no hay vestidos tan bonitos como en Madrid.

– ¿No tienes una falda azul?

– Sí, aquí la tengo.

– Yo tengo una blusa blanca de seda, sin mangas. Si la quieres, va muy bien con tu falda.

– Pero, Ana, tú la necesitas también y …

– No, yo no la necesito. Tengo otras blusas. Toma, Marisa.

– ¡Gracias!

– Oye, ¿dónde están mis zapatos negros? No los veo.

– Están debajo de la cama.

– Ah, sí, es verdad.

– ¿Y mis medias? No las encuentro.

– Están en el cajón.

Ana y Marisa están un poco nerviosas, sobre todo Marisa, porque es la primera vez que va a un baile en Madrid. Por fin acaban de arreglarse.

– ¿Qué hora es? – pregunta Ana. – Mi reloj está parado.

– Son las siete menos cuarto.

– Es muy tarde. Jaime y su amigo nos esperan junto a la puerta de servicio.

– Mira por la ventana, a ver si están ya allí.

PLAZA DE LIMA
Agfa
FOTO ALVAREZ
4
6

Ana mira por la ventana.
– Sí, veo a Jaime.
– ¿Ves a su amigo también? ¿Cómo es?
– Es alto y moreno. Tiene buen aspecto.
– ¡Qué bien! Vamos.
Ana y Marisa bajan la escalera y llegan a la puerta de servicio. Cuando las ve, dice Jaime:
– ¡Hola! ¡Qué guapas estáis!
– Gracias.
– Éste es mi amigo Luis Álvarez. Trabaja en un banco. Aquí Ana y Marisa, las chicas más guapas del hotel.
– ¡Encantado!
– ¿Trabajas en un banco? – pregunta Ana. – ¿Y qué haces allí?
– Escribo a máquina y manejo una calculadora. Es bastante aburrido.
– Bueno, ahora no vamos a hablar del trabajo, ¿verdad? – dice Jaime.
– No, desde luego. ¿Os gusta bailar?
– Sí, mucho. – contesta Ana.
– ¿Y a ti?
– También me gusta – dice Marisa – pero no bailo muy bien.
– Eso no importa. Jaime y yo somos muy buenos profesores.
Los cuatro ríen y se dirigen a la discoteca.

Preguntas

1. ¿Por qué tienen Ana y Marisa la tarde libre?
2. ¿Adónde piensan ir?
3. ¿Con quién?
4. ¿Por qué no le gusta a Marisa su vestido?
5. ¿Cómo es su blusa?
6. ¿Dónde están los zapatos de Ana?
7. ¿Dónde están las medias de Marisa?

8. ¿Por qué está nerviosa Marisa?
9. ¿Dónde esperan Jaime y su amigo?
10. ¿Cómo es el amigo de Jaime?
11. ¿Qué hace Luis en el banco?
12. ¿Le gusta bailar a Marisa?

Ejercicio 1

¿Dónde están los zapatos?
No los veo.

1. ¿Dónde están los zapatos?
2. ¿Dónde están mis medias?
3. ¿Dónde está la blusa azul?
4. ¿Dónde está el vestido verde?
5. ¿Dónde están mis pantalones?
6. ¿Dónde está mi abrigo?

Ejercicio 2

¿Qué me pongo: el abrigo o la chaqueta?
Debes ponerte el abrigo.

1. ¿Qué me pongo: el abrigo o la chaqueta?
2. ¿Qué nos compramos: un coche o un piso?
3. ¿A qué hora nos acostamos: pronto o a medianoche?
4. ¿Cuándo nos arreglamos: ahora o más tarde?
5. ¿Me visto ya o espero un poco?
6. ¿Me levanto a las seis o a las nueve?

6. La carta

La señora Antonia, la madre de Marisa, va por la calle y se encuentra a la señora Paca, su vecina.

– Buenos días, Antonia. ¿Cómo estáis todos?

– Bien, gracias.

– ¿Habéis tenido noticias de Marisa?

– Sí, ha llamado dos veces por teléfono.

– ¿Pero no ha escrito todavía?

– No, todavía no ha escrito. Es un poco perezosa y además tiene mucho trabajo.

– ¿Y está contenta en el hotel?

– Sí, está contenta.

Mientras hablan pasa Mariano, el cartero.

– ¡Buenos días! Señora Antonia, tengo una carta para usted.

– ¡Una carta! ¡Debe ser de Marisa!

– Tome. Así no tengo que ir a su casa.

– Gracias, Mariano.

La señora Antonia coge la carta. Efectivamente es de Marisa. La abre y lee:

Madrid, 5 de abril de 1978

Queridos padres y hermanos:

Por fin tengo tiempo para escribir. Los días pasan muy deprisa en Madrid.

Nos levantamos a las seis y media, desayunamos y empezamos a trabajar a las ocho. Hay que limpiar las habitaciones y los cuartos de baño, hacer las camas y retirar los servicios del desayuno. Comemos a la una, antes que los huéspedes del hotel, y luego tenemos tiempo libre hasta las cuatro. Muchos días Ana y yo dormimos la siesta, porque estamos muy cansadas. Otros días salimos o escribimos cartas. A las cuatro ayudamos a guardar la ropa que viene de la lavandería y hacemos otros trabajos. Cuando termina el trabajo unas veces salimos y otras nos quedamos en el hotel y vemos la televisión. Tenemos un cuarto de estar para las camareras.

Todavía no conozco bien Madrid, porque es muy grande. Sólo conozco las calles cercanas al hotel. Hay casas muy altas, muchas tiendas, muchos cines y muchos teatros, pero no hay árboles. Me gustaría ver árboles.

He comprado algunas cosas: una blusa, un jersey y unos zapatos. He ido un día al cine y otro día a una discoteca con Ana y unos amigos. Mañana vamos a ver una revista.

Estoy contenta en Madrid, pero os recuerdo mucho. Escribid pronto, también los pequeños.

Un abrazo muy fuerte de

Marisa

– ¿Qué dice? – pregunta la señora Paca. La señora Paca es muy curiosa.
– Nada de particular; que está bien y contenta.
– ¡Ah!
La señora Antonia piensa: «Quieres leer la carta, pero no me da la gana. La carta es para mí. Es mía. Bueno, nuestra» – se corrige pensando en su marido y en sus hijos.
– Adiós, Paca, me voy a casa corriendo. Tengo que llevar la carta a mi marido.
– Bueno, adiós.
La señora Paca se queda un poco desilusionada.

Preguntas

1. ¿A quién se encuentra la señora Antonia en la calle?
2. ¿Qué preguntas hace la señora Paca?
3. ¿Qué contesta la señora Antonia?
4. ¿Quién es Mariano?
5. ¿Por qué no ha escrito antes Marisa?
6. ¿A qué hora se levantan las camareras?
7. ¿Por qué duermen la siesta muchos días?
8. ¿Qué hacen por la tarde?
9. ¿Dónde ven la televisión?
10. ¿Cómo es Madrid, según Marisa?
11. ¿Qué calles conoce Marisa?
12. ¿Qué hay en esas calles?
13. ¿Qué ha comprado Marisa?
14. ¿Qué piensa la señora Antonia?
15. ¿Adónde va?

Ejercicio

Las habitaciones están sucias.
Nosotras *tenemos que limpiarlas*.

1. Las habitaciones están sucias.
2. Las camas están deshechas.
3. Los cuartos están desordenados.
4. Las puertas están cerradas.
5. Las luces están encendidas.
6. Las neveras están vacías.

7. El primer sueldo

Marisa ha cobrado ya su primer sueldo. Al abrir el sobre se lleva una desilusión.

– Oye, Ana, ¡aquí no hay 40.000 pesetas!

– No, claro. Descuentan la seguridad social y los impuestos.

– ¿La seguridad social es eso del médico y las medicinas?

– Sí, y el seguro de desempleo, y la jubilación ...

– Ya.

De todas maneras está muy contenta, porque nunca ha visto tanto dinero junto. Empieza a pensar en todas las cosas que quiere comprarse: una chaqueta, un bolso, ropa interior ... Pero también se acuerda de sus padres y de sus hermanos pequeños, que siempre necesitan zapatos, pantalones nuevos y libros para la escuela.

– Ana, quiero enviar a mi madre 5.000 pesetas. ¿Qué tengo que hacer?

– Lo mejor es un giro postal. ¿Sabes dónde está Correos? En la plaza de la Cibeles; es ese edificio tan grande de las torres.

– Ah, sí.

Marisa va a Correos. Es un edificio enorme y hay muchas puertas. Marisa entra por la puerta principal, que tiene una escalera majestuosa, como en un palacio.

Hay mucha gente que sube y baja y Marisa no sabe adónde ir. Quiere preguntar, pero no ve ningún conserje. Por fin ve a un señor de uniforme que está de pie junto a una puerta.

– Oiga, por favor, ¿para enviar un giro postal?

– Yo no sé nada, señorita. Pregunte a algún conserje.

El señor no es un conserje. Es un oficial de marina.

– Allí hay un conserje – dice el oficial más amablemente.

Marisa va hacia el conserje y pregunta.

– Primer piso a la izquierda – dice él.

Marisa sube y ve muchas ventanillas. En una pone: «Giros postales» y Marisa se acerca.

– Oiga, quiero mandar un giro a Casar del Río, provincia de …

– Haga el favor de rellenar este impreso – le interrumpe el empleado, dándole uno.

Marisa coge el impreso, busca un bolígrafo y se sienta ante una mesa para rellenarlo. No lo ha hecho nunca y lo encuentra muy difícil. Hay letras negras y letras rojas y está dividido en cuatro partes. Marisa, con el bolígrafo en la mano, no sabe por dónde empezar.

– ¿Qué pasa, señorita? ¿No sabe rellenar el impreso? – pregunta un señor de pelo blanco sentado junto a ella.

– No … No he rellenado nunca un impreso así.

– Es muy fácil. Usted tiene que rellenar solamente los espacios en negro. ¿Ve usted? Aquí escribe usted la cantidad que quiere enviar. Aquí, donde pone «origen», tiene que escribir «Madrid». Aquí el nombre y los apellidos de la persona que va a recibir el dinero, el pueblo o la ciudad, calle y número. Y aquí su nombre y sus señas. Por último la fecha de hoy.

– Sí, ahora ya lo entiendo. ¡Muchas gracias! Lo ha explicado usted muy bien.

– He sido funcionario de Correos durante 40 años. Ahora estoy jubilado.

– ¡40 años! ¿No es un poco aburrido trabajar siempre en el mismo sitio?

El señor se ríe.

– Sí, pero algo hay que hacer, ¿no? Hay que comer, hay que educar a los hijos … ¿Trabaja usted también?

– Sí, trabajo de camarera en un hotel, ¡pero no quiero trabajar allí 40 años!

– No, claro. Es usted muy joven y puede estudiar y buscar otro empleo.

– Sí, tengo que hacer algo. Bueno, ya he terminado. Adiós y muchas gracias.
– De nada. Adiós.

Preguntas

1. ¿Por qué se lleva Marisa una desilusión?
2. ¿Qué le descuentan?
3. ¿Por qué está contenta de todas maneras?
4. ¿Qué quiere comprarse?
5. ¿De quién se acuerda?
6. ¿Dónde está Correos?
7. ¿Cómo es?
8. ¿Cómo es la escalera?
9. ¿Qué busca Marisa?
10. ¿Dónde está la ventanilla de giros postales?
11. ¿Qué tiene que hacer Marisa?
12. ¿Qué tiene que escribir Marisa?
13. ¿Qué ha sido el señor de pelo blanco?
14. ¿Cuánto tiempo ha sido funcionario de Correos?
15. ¿Qué dice Marisa?
16. ¿Qué contesta el señor?

Ejercicio 1

¿Tiene usted impresos de giro postal?
No, *no tengo ninguno.*

1. ¿Tiene usted impresos de giro postal?
2. ¿Tiene usted bolígrafos?
3. ¿Ha visto usted por aquí algún conserje?
4. ¿Tiene usted algún seguro?
5. ¿Ha traído usted alguna carta para mí?
6. ¿Conoces a alguna camarera del hotel?

Ejercicio 2

Pregunte a un conserje.
Haga el favor de preguntar a un conserje.

1. Pregunte a un conserje.
2. Rellene usted este impreso.
3. Hablen con aquel señor.
4. Suba usted al primer piso.
5. Pida usted un bolígrafo.

8. Una llamada telefónica

El cuarto de estar de las camareras está junto a la cocina. Hay allí unas mesas, unas sillas, algunas revistas y un viejo televisor en blanco y negro. Las chicas han pedido un televisor en color, pero son muy caros y los dueños del hotel no quieren gastar dinero.

Marisa y Ana, con otras compañeras, están viendo la televisión, pero el programa es muy aburrido.

– Este programa es un rollo – dice Elena, una de las camareras.

– ¿Hay algo en la Segunda Cadena?

– Un partido de baloncesto.

Programas de TVE

Viernes 18 de marzo

1ª Cadena

18,30	Avance informativo.
18,35	La cometa blanca.
19,00	El libro gordo de Petete.
19,02	Circo.
20,30	El compromiso de la libertad.
21,00	Telediario.
21,35	300 millones.
22,35	Al este del Edén.
23,35	Últimas noticias.

2ª Cadena

19,57	Redacción abierta.
20,00	Baloncesto: Real Madrid – Maccabi de Tel Aviv.
21,00	La flauta mágica.
21,25	Redacción abierta. La clave.
23,00	Despedida y cierre.

– ¡Bah! A mí no me interesa el baloncesto. ¿Por qué no jugamos a las cartas?

– Yo prefiero ver la televisión – dice otra chica.

– ¿Y vosotras? Ana, Marisa, ¿queréis jugar?

– Bueno.

– Necesitamos otra más. Si somos cuatro, podemos jugar a la canasta. ¿Juegas tú, Carmen?

– Bueno, pero sólo un rato. A las nueve tengo una cita.

– ¿Ah, sí? ¿Con quién?

– ¡Y eso a ti qué te importa, curiosa!

– Perdona, hija. Bien, Marisa y Ana juegan juntas y tú juegas conmigo.

– ¿Y qué nos jugamos?

– Un café – dice Ana.

– Bah, eso no es nada. Nos jugamos un aperitivo. Un buen aperitivo, con tapas.

Las cuatro muchachas empiezan a jugar. Al principio Marisa y Ana tienen mala suerte pero luego la suerte cambia y ganan.

– Ahora nos debéis un aperitivo – dice Ana.

– Sí, vamos a la cafetería – dice Marisa.

– Bueno, vamos.

En la cafetería Jaime está detrás de la barra y se alegra de verlas.

– ¡Qué sorpresa! Nunca venís a estas horas.

– Hemos jugado a la canasta y Marisa y yo hemos ganado – dice Ana. – Ahora Elena y Carmen tienen que invitarnos a un aperitivo.

– Muy bien. ¿Qué queréis?

Marisa y Ana piden una cerveza, Elena un vermú y Carmen un vino blanco. Piden también unas tapas: dos raciones de ensaladilla y dos de calamares fritos.

Cuando están tomando el aperitivo llega Juanito, el botones.

– Oye, Marisa, te llaman por teléfono. Puedes hablar en la cabina, junto a la recepción.

Marisa va a la cabina y coge el teléfono.

– ¿Quién es? – pregunta.

– Soy yo, Marisa. ¿Cómo estás?

– ¡Mamá! ¡Qué alegría! Estoy muy bien. ¿Y vosotros?

– Todos bien. He recibido tu giro. ¡Muchas gracias, hija! Los niños están muy contentos. Voy a comprar zapatos y unos vaqueros para Pedrito.

– ¿Y cómo está papá?

– Está bien. Ahora está en casa, viendo la televisión. Hay un partido de baloncesto y ya sabes que le gustan mucho los deportes. Pero dime, ¿estás bien? ¿Estás contenta? ¿Comes bastante?

– Sí, mamá, no debes preocuparte.

– Tengo que terminar, porque las conferencias son muy caras. Adiós, Marisa, un abrazo de todos.

– Yo también os envío un abrazo. Adiós, mamá.

Marisa cuelga el teléfono y vuelve a la cafetería. Sus amigas se han comido toda la ensaladilla y todos los calamares, pero a Marisa no le importa. ¡Ha hablado con su madre!

Preguntas

1. ¿Dónde está el cuarto de estar de las camareras?
2. ¿Qué hay allí?
3. ¿Por qué no tienen televisor en color?
4. ¿Qué hacen Marisa y Ana?
5. ¿Qué hay en la Segunda Cadena?
6. ¿Qué hacen entonces Marisa, Ana y dos compañeras?
7. ¿Qué se juegan?
8. ¿Quién gana?
9. ¿Qué piden las cuatro amigas?
10. ¿Quién llega cuando están tomando el aperitivo?

11. ¿Adondé va Marisa?
12. ¿Qué quiere comprar la madre de Marisa?
13. ¿Dónde está su padre?
14. ¿Qué pregunta la madre?
15. ¿Qué ha pasado con la ensaladilla y los calamares?

Ejercicio

¿Qué quieres, una cerveza?
No, *no me gusta* la cerveza; *prefiero* un vino tinto.

1. ¿Qué quieres, una cerveza? (vino tinto)
2. ¿Qué quiere tu amiga, un vermú? (vino blanco)
3. ¿Qué queréis, una ensaladilla? (calamares fritos)
4. ¿Qué quiere usted, un café? (té con leche)
5. ¿Qué quieren aquellos señores, unas tapas? (helados)

Conversación

1. ¿Qué le gusta más, practicar un deporte o verlo en la televisión? ¿Por qué?
2. ¿Prefiere usted escribir a los amigos o llamarles por teléfono? ¿Por qué?

9. Marisa tiene anginas

Marisa se ha despertado con dolor de cabeza y de garganta. Ana tiene un termómetro y Marisa se lo pone: tiene más de 38 grados de fiebre.

Ana va a avisar a doña Clara, la jefa de las camareras, y ésta llama por teléfono al médico del Seguro.

Dos horas más tarde llega el médico. Doña Clara le acompaña. Es un hombre de unos 35 años, alto y muy delgado: lleva gafas y parece tener mucha prisa.

– A ver, ¿qué le pasa a usted? – pregunta nada más entrar en la habitación.

– Me duele mucho la cabeza y la garganta – dice Marisa – y además tengo fiebre. Treinta y ocho dos.

– Déme usted la mano.

Marisa, que está un poco atontada con la fiebre, cree que la va a saludar, pero no es eso: le toma el pulso.

– Sí, el pulso está un poco rápido. Abra usted la boca.

Marisa abre la boca.

– Más, más. Y haga el favor de sacar la lengua. Quiero ver la garganta.

Marisa abre más la boca y saca la lengua. El médico mira con ayuda de una linternita.

– Está claro. Tiene amigdalitis – dice a doña Clara.

– ¿Qué? – dice Marisa un poco asustada.

– Anginas – explica doña Clara.

– ¡Ah!

– No tiene importancia, pero debe cuidarse. Voy a darle dos recetas: un spray para la garganta y unas pastillas. Tome usted una pastilla cada ocho horas.

– Voy a mandar al botones a la farmacia – dice doña Clara.

– Quédese usted dos días en la cama – sigue el médico –. Pasado mañana, si no tiene fiebre, puede levantarse unas horas. Si no baja la fiebre, avíseme usted.

– Bien – dice Marisa.

– ¿Puedo lavarme las manos? – pregunta el médico a doña Clara.

– Sí, venga conmigo.

– Adiós, jovencita.

– Adiós, doctor, muchas gracias.

Doña Clara y el médico salen de la habitación. Marisa se queda sola y se siente un poco desgraciada.

Un rato más tarde llaman a la puerta.

– ¡Adelante! – dice Marisa.

Es Juanito, el botones.

– ¡Hola, Marisa! ¿Cómo estás?

– Regular. Tengo anginas.

– Bah, eso no es nada. Enseguida te pones bien. Oye, aquí tienes las medicinas. Y este paquetito que me ha dado para ti Jaime, el del bar.

– Gracias, Juanito.

– Hasta luego.

– Hasta luego.

Marisa abre el paquetito. Son unos caramelos, y hay también una cartita de Jaime:

«Estos caramelos son estupendos para la garganta. A ver si te pones pronto buena. He sacado unas entradas para el Capitol. El sábado hay una película muy buena, con Robert Redford y Brenda Baccaro. Tienes que venir conmigo.

Cariñosos saludos
Jaime»

Después de leer la nota Marisa se siente mucho mejor.

Preguntas

1. ¿Cómo se ha despertado Marisa?
2. ¿Tiene fiebre?
3. ¿A quién avisa Ana?
4. ¿Cómo es el médico?
5. ¿Qué pregunta?
6. ¿Qué tiene Marisa?
7. ¿Qué debe hacer?
8. ¿Qué debe tomar?
9. ¿Cómo se siente Marisa cuando se queda sola?
10. ¿Qué trae el botones?
11. ¿Qué hay en el paquetito?
12. ¿Adónde quiere ir Jaime con Marisa?
13. ¿Cómo se siente Marisa después de leer la carta?

Ejercicio

¿Está *enferma* Marisa?
No, *ya se ha puesto buena.*

1. ¿Está enferma Marisa?
2. ¿Están tristes tus amigos?
3. ¿Está peor el enfermo?
4. ¿Está caro el marisco?

Conversación

1. ¿Qué hace usted cuando está enfermo? ¿Llama usted siempre al médico? ¿Toma muchas medicinas?
2. ¿Cómo es su médico?

10. Las rebajas

Marisa ya está bien y ayer salió a la calle por primera vez. Al pasar por unos grandes almacenes vio unos letreros en los escaparates y leyó: «Rebajas fin de temporada. Precios baratísimos.» «¡Qué oportunidad! – pensó –. Ahora puedo comprar a buen precio todo lo que necesito.»

Entró en los almacenes abriéndose paso entre la gente y vio un mostrador lleno de jerseys de muchos colores y otro letrero: «Shetland, 500 pesetas.» Se acercó al mostrador y empezó a buscar en el montón. Encontró por fin un jersey azul muy bonito de su talla. Cuando iba a cogerlo, una señora tiró del jersey y dijo muy enfadada: «Este jersey es para mí. Yo lo he visto primero.» Marisa buscó otro jersey igual, pero ya no encontró ninguno de su talla y compró uno de una talla más pequeña.

Luego fue a la sección de blusas y faldas y vio unas blusas bonitas y bastante baratas. Una de ellas le gustó y Marisa preguntó a una dependienta:

– Señorita, ¿puedo probarme esta blusa?

– No, lo siento. Son blusas rebajadas. Pero puede ponerse la blusa encima del vestido para ver si es su talla. Ahí hay un espejo.

Marisa se acercó al espejo, pero dos señoras se colocaron delante, así que no vio mucho. Sin embargo se compró la blusa.

«Ahora voy a mirar los zapatos» – se dijo Marisa, y subió a la sección de zapatería en la segunda planta. Vio muchos zapatos y como no le parecieron caros compró unos zapatos negros y unas sandalias de verano.

blusas
170
jerseys
390
ptas

Por último fue a la sección de ropa interior y compró varias cosas más.

Volvió al hotel cargada de paquetes. Cuando entró en la habitación Ana le dijo:

– Pero, Marisa, ¿de dónde vienes? ¿Qué has comprado?

– Hay rebajas en los Almacenes Díez, ¿sabes? He comprado un jersey, una blusa, unos zapatos, medias y un pijama.

– ¿Sí? A ver.

Marisa abrió los paquetes y le enseñó todas sus compras.

– El jersey es bonito, pero es un poco pequeño para ti, ¿no crees?

– Sí, quizás … pero puedo cambiarlo, ¿no?

– No, no puedes. No cambian los artículos rebajados.

– ¡Ah!

– Pruébate la blusa.

Marisa se la probó.

– ¿No es un poco grande?

– Sí, un poco, pero …

– A ver, enséñame los zapatos. Mm … Estas sandalias no son de piel … y los zapatos tampoco.

– Es verdad … No me di cuenta.

– Hay siempre tanta gente en las rebajas … No hay tiempo para mirar bien las cosas. ¿Sabes, Marisa? No hay que fiarse de las rebajas de los grandes almacenes. Muchas veces no son rebajas de verdad, son artículos de segunda calidad. Es mejor comprar en las rebajas de tiendas pequeñas. Allí sí se encuentran de vez en cuando cosas muy buenas y muy baratas.

La pobre Marisa piensa que todavía tiene que aprender muchas cosas en Madrid.

Preguntas

1. ¿Adónde fue ayer Marisa?
2. ¿Adónde entró?
3. ¿Qué vio en un mostrador?
4. ¿Qué compró?
5. ¿Qué preguntó a una dependienta?
6. ¿Qué pasó cuando Marisa se acercó al espejo?
7. ¿Qué compró en la sección de zapatería?
8. ¿Cómo volvió al hotel?
9. ¿Cambian en los almacenes los artículos rebajados?
10. ¿Por qué no se compra bien en las rebajas?
11. ¿Por qué es mejor comprar en tiendas pequeñas?

Ejercicio

¿Ha salido ya Marisa a la calle?
Sí, *ayer salió* a la calle.

1. ¿Ha salido ya Marisa a la calle?
2. ¿Ha visto ya las rebajas?
3. ¿Se ha comprado un pijama y unas medias?
4. ¿Han estado ustedes en los Almacenes Sánchez?
5. ¿Ha comprado usted un jersey?

Conversación

1. ¿Le gusta a usted comprar en las rebajas? ¿Por qué?
2. ¿Prefiere usted comprar en unos grandes almacenes o en una tienda pequeña? ¿Por qué?

11. En el apartamento de Luis

Luis, el amigo de Jaime, vive en un apartamento y ha invitado a comer a Ana, Marisa y Jaime.

El apartamento es pequeño: hay solamente un cuarto de estar, un dormitorio, una cocina y un cuarto de baño. Los muebles son sencillos, pero alegres, y Luis tiene muchos libros, una radio, un televisor, un tocadiscos y muchos discos. A Marisa y a Ana, que tienen que vivir en una habitación pequeña del hotel, el apartamento les parece lujosísimo.

– Oye, ¿vives aquí solo? – pregunta Ana.

– Sí, vivo solo.

– ¿Y quién limpia? ¿Quién hace las comidas?

– Yo. ¿O es que crees que un hombre no puede limpiar ni hacerse la comida?

– Mi padre y mis hermanos no pueden – dice Marisa –. Mi madre tiene que hacerlo todo.

– Cuando yo vivía en casa de mis padres tampoco sabía guisar ni limpiar. Era mi madre la que limpiaba la casa y guisaba. Pero ahora he aprendido.

Luis sirve un aperitivo a sus amigos. Marisa y Jaime se sientan, pero Ana va por la habitación mirando los muebles, los cuadros, los libros, los discos.

– ¡Un álbum de fotos! – dice de repente. – Me gusta mucho ver fotos.

– Son fotografías antiguas – dice Jaime.

– No importa, vamos a verlas.

Ana abre el álbum. En la primera página hay una fotografía familiar tomada en un jardín, delante de una casa.

– ¿Éste eres tú? – pregunta Ana, señalando a un muchacho en la foto.

– Sí, soy yo. Entonces tenía 15 años.

– ¿Es ésta tu casa? – pregunta Marisa.

– No, es la casa de mis abuelos. Viven en un pueblo. Cuando yo era niño íbamos al pueblo todos los veranos. Mis tíos y mis primos iban también. Era muy divertido: hacíamos excursiones, íbamos a nadar al río y yo jugaba al fútbol con los chicos del pueblo. Teníamos un equipo estupendo.

– Mis abuelos también vivían en un pueblo – dice Jaime –. Tenían una casa antigua, muy grande. Era una casa de piedra, con dos balcones llenos de geranios. Había también una bodega. Por la noche los chicos no queríamos bajar a la bodega, porque creíamos que allí había un fantasma.

– ¡Eh, oye! – dice de repente Ana –. ¿No huele a quemado?

– ¡La comida! – exclama Luis, y sale corriendo. Pero no pasa nada. La paella cuece y está casi a punto.

– ¡Qué susto te he dado! – dice Ana cuando Luis vuelve de la cocina. – No olía a quemado. Era una broma.

Jaime, Ana y Marisa ayudan a Luis a poner la mesa. Sacan del armario un mantel, servilletas, cucharas, tenedores, cuchillos, platos y vasos.

Por fin se sientan a comer. La paella está estupenda.

– ¡Qué bien guisas, Luis! – dice Marisa –. Si te casas, ¿vas a ayudar también a tu mujer a guisar y a limpiar?

– Sí, naturalmente. Creo que el marido y la mujer deben repartirse el trabajo de la casa. Sobre todo si la mujer también trabaja.

– Pues yo prefiero casarme con una mujer como las de antes. Una mujer como nuestras madres. Es más cómodo. – dice Jaime.

– ¡Egoísta!

– Eres un buen partido, Luis – dice Ana riendo. – ¿Quieres casarte conmigo?

Preguntas

1. ¿Cómo es el apartamento de Luis?
2. ¿Qué habitaciones tiene?
3. ¿Sabe Luis guisar y limpiar la casa?
4. ¿Qué hay en la primera página del álbum?
5. ¿Adónde iba Luis cuando era niño?
6. ¿Qué hacía en el pueblo?
7. ¿Cómo era la casa de los abuelos de Jaime?
8. ¿Por qué no querían bajar los niños a la bodega?
9. ¿Es verdad que huele a quemado?
10. ¿Qué hacen luego Jaime, Ana y Marisa?
11. ¿Si se casa, va a ayudar Luis a su mujer? ¿Por qué?
12. ¿Qué piensa Jaime?
13. ¿Qué dice Ana?

Ejercicio 1

¿Era *pequeña* la casa de tus abuelos?
¿Pequeña? No, era muy *grande.*

1. ¿Era pequeña la casa de tus abuelos?
2. ¿Era una casa triste?
3. ¿Tenía pocas habitaciones?
4. ¿Eran antipáticos tus tíos?
5. ¿Llevaba tu prima el pelo corto?

Ejercicio 2

Ahora vivo en Madrid.
¿Sí? ¿Y dónde *vivía* usted antes?

1. Ahora vivo en Madrid.
2. Ahora trabajo en un hotel.

3. Ahora pasamos el verano en la ciudad.
4. Ahora los niños juegan en el jardín.

Conversación

1. ¿Dónde vivía usted cuando era niño? ¿Cómo era su escuela? ¿Cómo eran sus profesores? ¿A qué jugaba usted?
2. ¿Cree usted que el marido y la mujer deben repartirse el trabajo de la casa? ¿Qué tipo de mujer (o de marido) prefiere usted?

12. La academia

Marisa lleva ya tres meses en Madrid. Está contenta en el hotel, pero no quiere ser camarera toda la vida. Le gustaría más trabajar en una oficina o ser cajera en una tienda. Sabe que para eso es necesario estudiar y decide ir a una academia para informarse.

Un señor muy amable la recibe en su oficina y le hace algunas preguntas.

– ¿Qué proyectos tiene usted? ¿Qué le gustaría ser?

– Me gustaría trabajar en una oficina o ser cajera en una buena tienda.

– ¿Qué estudios tiene usted?

– He hecho solamente la EGB. A los quince años tuve que dejar la escuela, porque mis padres son pobres y no podían enviarme al Instituto, que está en otro pueblo. En casa ayudaba a mi madre y cuidaba a mis hermanos pequeños. Vine a Madrid hace tres meses y ahora trabajo de camarera en un hotel.

– ¿Qué notas tuvo usted en la escuela?

– Buenas. Era la primera de mi clase.

– ¿Y qué materias le gustaban más?

– Las ciencias y las matemáticas.

– Eso está bien. Si tiene usted facilidad para las matemáticas puede estudiar contabilidad. Y desde luego debe aprender a escribir a máquina. ¿Tiene usted buena ortografía?

– Sí. En mi clase había una maestra muy buena. Era joven y enseñaba muy bien.

– Magnífico. Para una mecanógrafa es muy importante escribir correctamente.

– Entonces, ¿qué me aconseja usted?

ACADEMIA VAL MADRID

– Para empezar puede usted estudiar contabilidad y mecanografía. Tenemos clases nocturnas de 8 a 10 de la noche los lunes, miércoles y viernes. Más tarde puede usted asistir a las clases de inglés o de francés. Un idioma es muy útil para cualquier empleo.

– Bien, pues muchas gracias.

Marisa sale de la oficina y va a secretaría; allí se apunta para las clases de contabilidad y mecanografía. Tiene que rellenar un impreso con su nombre, sus apellidos, la fecha y lugar de nacimiento y el número de su documento de identidad. También tiene que pagar un mes por adelantado.

Cuando vuelve al hotel Ana está en la habitación arreglándose las manos.

– ¡Hola! – dice Marisa –. ¿Sabes de donde vengo? De una academia, la Academia Val. Voy a aprender contabilidad y mecanografía.

– ¿Sí? ¿Y para qué?

– Quiero trabajar en una oficina o de cajera en una tienda. Jaime me dijo que la Academia Val es muy buena. Me recibió un señor muy simpático y me aconsejó muy bien. Las clases son de 8 a 10 de la noche, tres días a la semana.

– ¡Qué horror! ¿Y vas a ir a clase después de trabajar todo el día?

– El que algo quiere, algo le cuesta. ¿No te gustaría a ti también encontrar un trabajo mejor que éste?

– Bah, yo creo que lo más práctico es encontrar un buen marido. ¿No piensas tú casarte?

– Quién sabe, quizás más tarde, pero ahora no. Además no quiero casarme sólo para tener la casa y la comida aseguradas. Yo puedo ganarme la vida sola.

– Chica, Marisa, hablas como una feminista. Has aprendido mucho en Madrid – dice Ana –. Y, tranquilamente, continúa arreglándose las manos.

Vocabulario

In diesem Verzeichnis sind nur diejenigen Vokabeln und Wendungen enthalten, die in ESO ES I nicht erscheinen.

Die fettgedruckte Zahl am Rand verweist auf die Textseite.

Abkürzungen: uc = una cosa; up = una persona; jdn = jemanden; jdm = jemandem; etw = etwas.

5	estrecho	eng, schmal
	la tienda de comestibles	das Lebensmittelgeschäft
	la verdulería	der Gemüseladen
	la carnicería	die Metzgerei
	la panadería	die Bäckerei
	el Ayuntamiento	das Rathaus
	cuadrado	viereckig
	anidar	nisten
	la cigüeña	der Storch
	cuidar la casa	*hier:* den Haushalt versorgen
	viven	sie leben; sie wohnen
	castaño	kastanienbraun
6	para trabajar	um zu arbeiten
	la vecina	die Nachbarin
	curioso	*hier:* neugierig
	la camarera (de hotel)	*hier:* das Zimmermädchen
	la sobrina	die Nichte
	abrazar	umarmen
	lleno	voll
	la carnicera	die Metzgersfrau
8	feo	häßlich
9	¡Gracias a Dios!	Gott sei Dank!
	la estrella	der Stern
	el lujo	der Luxus
	la escalera	die Treppe
	el cartel	das Plakat, der Anschlag
	la pintada	die (Wand-)Schmiererei

10	por fin	endlich
	la puerta principal	der Haupteingang
	la jefa	die Chefin
	el documento de identidad	der Personalausweis
	la jornada de trabajo	der Arbeitstag, die Arbeitszeit
	el sueldo	das Gehalt
	juntas, juntos	zusammen
11	gordo	dick, beleibt
13	el uniforme	die Uniform; *hier:* die Arbeitskleidung
	el delantal	die Schürze
	la sábana	das Bettuch
	la toalla	das Handtuch
	sencillo	einfach
	Pasamos toda la semana con 2.500 pesetas.	2500 Peseten reichen uns für die ganze Woche.
	la calefacción	die Heizung
15	saludar	(be)grüßen
	tener prisa	es eilig haben
	un botellín de cerveza	eine kleine Flasche Bier
	los cuatro	alle vier
	Faltan muchos días.	Bis dahin ist es noch lange.
17	ir de compras	einkaufen gehen
	temprano	früh(zeitig)
	el peine	der Kamm
	las medias	die Strümpfe
	tomar a la derecha	rechts einbiegen
	ancho	breit
	la instrucción	*hier:* die Anweisung
	contaminado	verschmutzt
	la contaminación	die (Luft-)Verschmutzung
	la perfumería	die Parfümerie
	decorado	dekoriert; geschmückt
	el estante	das Regal
	el cutis	der Teint
	maquillado	geschminkt
	apenas	kaum
	la arruga	die Falte, die Runzel
	pueblerino	Provinzler
	tímidamente	schüchtern

	al azar	aufs Geratewohl, blindlings
19	elástico	elastisch
	en realidad	eigentlich
	usar	benutzen, anwenden
	la leche limpiadora	die Reinigungsmilch
	estropearse	kaputtgehen, beschädigt werden
	resistir	sich wehren; widerstehen
	los polvos	der Puder
	la barra de labios	der Lippenstift
	reírse	lachen
	listo	klug; clever
21	vestirse	sich anziehen
	arreglarse	sich schönmachen, sich herrichten
	el armario	der Schrank
	la seda	die Seide
	sin mangas	ärmellos
	Va muy bien con tu falda.	Es paßt sehr gut zu deinem Rock.
	la puerta de servicio	der Diensteingang
23	¡Encantado!	Sehr erfreut!
	escribir a máquina	mit der Maschine schreiben
	manejar	*hier:* bedienen
	la calculadora	die Rechenmaschine; der Computer
	aburrido	langweilig
	desde luego	selbstverständlich
	Eso no importa.	Das spielt keine Rolle.
25	encontrarse a up	jdn treffen
	la noticia	die Nachricht, die Neuigkeit
	perezoso	faul
	el cartero	der Briefträger
	coger	nehmen
	efectivamente	tatsächlich
26	deprisa	schnell
	retirar	*hier:* abräumen, zurücktragen
	el servicio del desayuno	das Frühstücksgeschirr
	el huésped	der Gast
	guardar	*hier:* einräumen
	la lavandería	die Wäscherei
	Unas veces salimos y otras …	Manchmal gehen wir aus und manchmal …

	el cuarto de estar	das Wohnzimmer; *hier:* der Aufenthaltsraum
	cercano	nahe (bei), in der Nähe
	la revista	*hier:* die Revue
	recordar	sich erinnern an
27	nada de particular	nichts Besonderes
	No me da la gana.	Ich mag (es) nicht.
	corregirse	sich verbessern
	desilusionado	enttäuscht
29	cobrar el sueldo	das Gehalt bekommen
	Al abrir el sobre ...	Beim Öffnen des Umschlags ...
	llevarse una desilusión	eine Enttäuschung erleben
	descontar	abziehen
	la seguridad social	die Sozialversicherung
	el impuesto	die Steuer
	el seguro de desempleo	die Arbeitslosenversicherung
	la jubilación	*hier:* die Rentenversicherung
	de todas maneras	jedenfalls
	la ropa interior	die Unterwäsche
	lo mejor	das Beste
	el giro postal	die Postanweisung
	majestuoso	prunkvoll
	el palacio	der Palast
	el conserje	der Pförtner
	por fin	endlich
	un señor de uniforme	ein Mann in Uniform
	un oficial de marina	ein Marineoffizier
	amablemente	freundlich, liebenswürdig
31	En una ventanilla pone:	An einem Schalter steht:
	acercarse	sich nähern
	el impreso	das Formular
	interrumpir	unterbrechen
	Está dividido en ...	Es ist eingeteilt in ...
	el espacio	*hier:* der Zwischenraum
	el origen	*hier:* der Absendeort
	las señas	die Adresse
	el funcionario	der Beamte
	jubilado	pensioniert
	el sitio	der Ort; die Stelle
	el empleo	die Arbeitsstelle

34	el televisor en color	der Farbfernseher
	gastar	ausgeben
	Es un rollo.	Es ist ein alter Schinken.
	interesar	interessieren
	la segunda cadena	das zweite Programm
	el baloncesto	der Basketball; das Basketballspiel
35	jugar a las cartas	Karten spielen
	sólo un rato	nur eine Weile
	la cita	die Verabredung, das Rendevous
	¡A ti qué te importa!	Was geht dich das an!
	¿Qué nos jugamos?	Um was spielen wir?
	la mala suerte	das Pech
	La suerte cambia.	Das Glück wechselt (seinen Besitzer).
	la sorpresa	die Überraschung
	la ensaladilla	der russische Salat
	frito	gebraten; gebacken
	el botones	der Hotelboy
	la cabina	die Telefonzelle, die Kabine
36	los (pantalones) vaqueros	die Jeans
	preocuparse	sich Sorgen machen
	la conferencia	*hier:* das Telefongespräch
	colgar el teléfono	den Hörer auflegen
38	las anginas	die Angina
	Se lo pone. (el termómetro)	Sie mißt das Fieber.
	avisar	benachrichtigen, verständigen
	las gafas	die Brille
	nada más entrar	sofort nach dem Eintreten
39	atontado	*hier:* benommen
	tomar el pulso	den Puls fühlen
	rápido	schnell; *hier:* hoch
	la lengua	die Zunge
	la linternita	die kleine Taschenlampe
	la amigdalitis	die Mandelentzündung
	asustado	erschrocken
	No tiene importancia.	Es ist nicht schlimm.
	cuidarse	sich schonen, sich pflegen
	cada ocho horas	alle acht Stunden
40	desgraciado	unglücklich
	¡Adelante!	Herein!

	la medicina	die Arznei
	el caramelo	das Bonbon
	ponerse bueno	gesund werden
	cariñosos saludos	herzliche Grüße
42	Al pasar por ...	Als sie an ... vorüberging ...
	el letrero	die Aufschrift, das Schild
	el escaparate	das Schaufenster
	leyó	sie las
	¡Qué oportunidad!	Was für eine gute Gelegenheit!
	abrirse paso	sich durchdrängen
	el mostrador	der Ladentisch
	el montón	der Haufen
	la talla	die Kleidergröße
	tirar de	ziehen an
	enfadado	böse, wütend
	la sección	die Abteilung
	probarse	anprobieren
	rebajado	herabgesetzt
	ponerse	anziehen
	colocarse	*hier:* sich anstellen
	sin embargo	trotzdem
	las sandalias	die Sandalen
44	cargado de	beladen mit
	el pijama	der Schlafanzug
	el artículo	*hier:* die Ware
	la piel	*hier:* das Leder
	fiarse (de up/uc)	(jdm/einer Sache) trauen
	muchas veces	oft
	la calidad	die Qualität
	de vez en cuando	von Zeit zu Zeit
46	el tocadiscos	der Plattenspieler
	lujoso	luxuriös
	el aperitivo	der Aperitif; die appetitanregende Speise
	el álbum	das Album
	la fotografía familiar	das Familienfoto
	señalar a	zeigen auf
47	los tíos	Onkel und Tanten
	los primos	Cousins und Cousinen
	la excursión	der Ausflug

la piedra	der Stein
el geranio	die Geranie
la bodega	*hier:* der Keller
el fantasma	das Gespenst
Huele a quemado. (oler)	Es riecht angebrannt.
salir corriendo	hinausrennen
cocer	kochen
estar a punto	*hier:* gar sein
dar un susto	einen Schrecken einjagen
olía	es roch
la broma	der Scherz, der Spaß
casarse con up	jdn heiraten
repartirse uc	etw (ver-, auf-)teilen
egoísta	Egoist(in), egoistisch
un buen partido	eine gute Partie
riendo	lächelnd
50 decidir	beschließen
informarse	sich erkundigen
el proyecto	der Plan
EGB (Educación General Básica)	Grund- und Hauptschule
la nota	die Note
la materia	das (Schul)fach
las ciencias	die Naturwissenschaften
tener facilidad para uc	begabt sein für etw
la contabilidad	die Buchführung
¿Tiene usted buena ortografía?	Sind Sie gut in Rechtschreibung?
la mecanógrafa	die Schreibkraft
correctamente	einwandfrei, korrekt
52 la mecanografía	das Maschinenschreiben
aconsejar	raten, empfehlen
la clase nocturna	der Abendkurs
asistir	teilnehmen an
el idioma	die Sprache
útil	nützlich
la secretaría	das Sekretariat
por adelantado	im voraus
¡Qué horror!	Schrecklich!
apuntarse para uc	sich für etw einschreiben
Después de trabajar todo el día …	Nachdem du den ganzen Tag gearbeitet hast …

	El que algo quiere, algo le cuesta.	Ohne Fleiß kein Preis.
	tener uc asegurada	etwas sicher haben
	ganarse la vida	sich den Lebensunterhalt verdienen
	la feminista	die Feministin
54	hacer un recibimiento	einen Empfang bereiten
	el peinado	die Frisur
	el/la artista	der/die Künstler(in); der/die Schauspieler(in)
	engordar	dicker werden
	No logra ...	Es gelingt ihr nicht ...
	la moda	die Mode
	el regalo	das Geschenk
	la cartera de piel	die Brieftasche aus Leder
	la fiesta	das Fest
	Casar del Río está en fiestas.	In Casar del Río feiert man das Dorffest.
	a mitad de agosto	Mitte August
	conservar	*hier:* behalten
	aparcar	parken
	el programa	das Programm
	la Misa mayor	das Hochamt
	la procesión	die Prozession
	los toros	der Stierkampf
	el toro	der Stier
	pasarlo bien	sich amüsieren
	la infancia	die Kindheit
56	la soledad	die Einsamkeit
	la dificultad	die Schwierigkeit
	hacer preguntas	Fragen stellen
	¡Qué suerte!	Welch ein Glück!
	el intermediario	der Zwischenhändler
	la orquestina	die Kapelle
	dejar de	aufhören zu
	el descanso	die Pause
	conseguir	*hier:* bekommen
	echarse a reír	anfangen zu lachen
	Pregúntamelo ...	Frage mich das ...
58	el/la visitante	der/die Besucher(in)
	animado	belebt

por ejemplo	zum Beispiel
intentar	versuchen
el sindicato	die Gewerkschaft
la huelga	der Streik
la hostelería	das Hotelgewerbe
enfadarse	böse werden, wütend werden
meterse en uc	sich in etw einmischen
callar	schweigen
el disgusto	die Unannehmlichkeit
matar	töten
UGT (Unión General de Trabajadores)	*Sozialistische Gewerkschaft in Spanien*
la guerra civil	der Bürgerkrieg
el miedo	die Angst
decente	anständig
seguramente	sicherlich; *hier:* wahrscheinlich
inmoral	unmoralisch
la reacción	die Reaktion
negativo	negativ
59 honrado	ehrlich; anständig
planchar	bügeln
coser	nähen
igual que	genauso wie
dar ese gusto	diesen Gefallen tun
a la orilla del río	am Flußufer
la calma	die Ruhe, die Stille
la mula	das Maultier
volar	fliegen
el pájaro	der Vogel
la voz (*pl* voces)	die Stimme
al mismo tiempo	gleichzeitig